D1670983

Eva Vargas

Sonntag
mit Helios

Titelmotiv:
STABILIS

© Copyright Edition Braus

Bildnachweis Eckhard Piotrowski
Seite 17, 21, 23, 31, 33, 43, 49, 51, 53, 55, 61

Bildnachweis Walter Spiegel
Titelfoto und
Seite 4, 11, 15, 39, 45, 57, 64

Bild 7, 9, 19, 41, 59.

Bildnachweis Manfred Zentsch
Seite 13, 25, 27, 29, 35, 37, 63

Gestaltung:
Thomas Hoch

Reproduktion:
Schneider Repro GmbH, Heidelberg

Herstellung:
Brausdruck GmbH, Heidelberg

Alle Rechte vorbehalten
1. Auflage, Mai 1987
ISBN 3-925835-00-8

EVA VARGAS

SONNTAG MIT HELIOS

Die neue Eva im »Paradies«
von Morgen.
Texte
Bilder und
Objekte
von Eva Vargas

Fotos von
Eckhard Piotrowski
Walter Spiegel
Manfred Zentsch

Edition Braus

3

MUTTER UND KIND

Dieses Buch
ist meinem
Sohn und Freund
Hans A.
gewidmet

TOD UND TEUFEL
ARBEITSLOS
Gottes Gartenzwerge
sind verschütt gegangen
jemand hat den
falschen Knopf
gedrückt und
die Ewigkeit
zeigt jetzt
Gesicht...

Anziehend ist es sicherlich
nicht, dieses Gesicht einer
möglichen Welt von morgen;
und wer es zu sehen kriegt,
wird sich wohl fürchten.
Die Frau aber, die genau hin-
sehen muß, weil sie die Stunde
0, aus welchen Gründen immer,
überlebt hat, resigniert nicht,
sondern schafft sich zu einer
Zeit, in der es weder Sonne,
noch Tage geben dürfte, die
zu feiern wären, ihren eigenen,
ganz speziellen Sonn-Tag.
Anhand von hinterbliebener
Literatur versucht sie, sich
die „heile Welt" der MENSCH-
KILL-DICH-ÄRA und ihre Typen
vorzustellen und nachzugestalten;
und macht die tödlich-lang-
weilige Rest-Welt mit den
Mitteln, die ihr sowohl der
Weltmüllhaufen, als auch die
eigene Phantasie liefern,
mehr lust- als leidbetont,
zum Abenteuer-Spielplatz!

LANDSCHAFT DANACH

ÜBERALL
SCHILDER
mit der
Aufschrift
h i e r
i s t
i m m e r
S o n n t a g
ich laufe
verzweifelt
herum
um nach dem
Menschen
namens
Sonntag
zu suchen
bis er
mir
plötzlich
gegenüber
steht
als Spiegelbild

8

ANIMA

TOD & TEUFEL
ARBEITSLOS
Gottes
Gartenzwerge
sind verschütt
gegangen
jemand hat
den falschen
Knopf gedrückt
und die Ewigkeit zeigt
jetzt
G e s i c h t

etwas staubig
ist es noch
verhangen
doch darunter
Dauerndes
in Sicht
wozu wurde
die Chemie
erfunden
endzeitstimmig
kam durch sie
ein neuer Typ
zu stand in
Sekundenzeugung
per Retorte
auf- und abgemixt
mit Sachverstand
präsentiert sich
heute Eva und
auch Adam
Rest-Art-Pärchen
ohne Sex-Problem
und auch sonst
sind sie stabiler
katastrophensicher
und bequem

wenn man nachliest
beispielsweise
in den alten
„Schinken"
was der Mensch
betrieben hat
und wie er
einmal war
kann robotman
nur verächtlich
mit der Null-Einstellung
blinken und ganz
automatisch
wird es klar
hier regiert
jetzt nur noch
die Maschine
für die nächsten
tausend Jahr

ADAM UND EVA I

Und manchmal
zu St. TÜV

HALLO TYP A
AUF WELCHER
WÄRMESTUFE
WOLLEN WIR
DENN HEUTE
STROMUNIZIEREN
auf gar keiner
Typ E
ich hab nämlich
einen Wackelkontakt
im U-Schaltbereich
DANN DRÜCK DOCH
BITTE DIE
ORGASMUS-TASTE
oh die klemmt
leider heute
auch mal wieder
DANN GEHST DU
MORGEN SOFORT
ZUM ROBOTTY
VOM ST. TÜV
ZUM DURCHCHECKEN
und du kommst
gleich mit
denn bei dir sind
ja schon lange
die Schrauben locker

IMMERHIN BRAUCH
ICH NUR EINEN
SCHRAUBENZIEHER
ABER DU SCHON
WIEDER EINE
NEUE BATTERIE
na zu unserem
einjährigen
Hochzeitstag
sollten wir
uns den Luxus
schon leisten
DANN KRIEG ICH
ABER FÜR DA WO. . .
EINE NEUE
BLINKLEUCHTE
einverstanden
aber bitte nur
für mich blinken

Hörszene

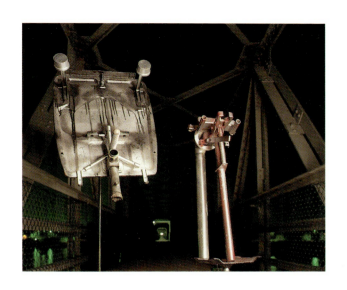

ADAM UND EVA II

AUF MEINEM
SITZ AUS
KALTEM STEIN
berührt mich
zärtlich nur
der Staub
von gestern
wo der Tod wohnt
weiß ich jetzt
und nachher geh
ich mal wieder hin
um mit ihm das
Spiel zu machen
w e r s t i r b t z u e r s t

*

Seltsam
ich bin
obwohl
ich ihn
immerzu
gewinnen
lasse
nicht
umzubringen

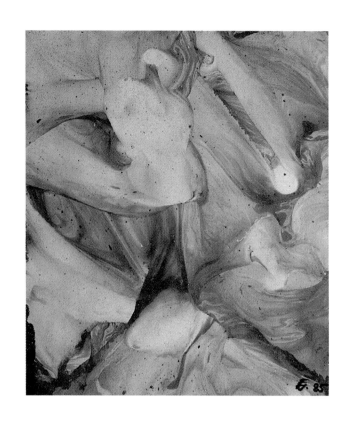

FIGUR AUS STEIN

**AUF EINER
SCHALLPLATTE**
singt jemand
Reich mir
die Hand
mein Leben
ich hebe
den Arm
von der
Scheibe
damit sich
das Leben
auch im
Leerlauf
weiterhin
dreht

ERSATZ-EVA

ALS ICH
EINEN
SARG
ÖFFNETE
und die
Knochen
fand
dachte
ich zuerst
an Adam
und . . .
h a s t
d u   k e i n e n
b a u
d i r   e i n e n   doch
                                      weil ich
                                      mir
                                      immer
                                      noch die
                                      Liebste bin
                                      hab ich
                                      aus den
                                      Gebeinen
                                      einen Windharfe
                                      gebaut
                                      hoffend
                                      daß bald
                                      wieder
                                      Wind
                                      aufkommt
                                      und damit
                                      Musik

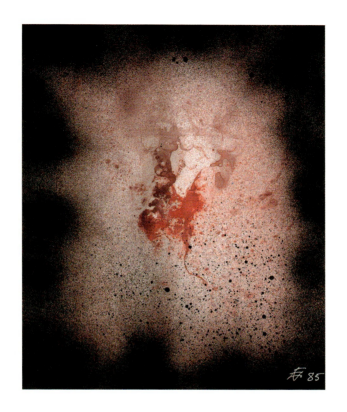

METAMORPHOSE

IN MEINEM
PARADIES
KATZEN
die mit
Vögeln
zusammen
in Bäume
ziehen
wo keine
schwarzen
Worte
hängen
die das
Begreifen
der Früchte
verbieten

KATZE ANDROGYN

PUPPEN
und immer
wieder
Puppen
kommen
auf mich
zu und
sie sehen
mich an
mit ihren
Vergißmeinnicht-Augen
wie in Trockenstarre
gefallene
Engel

*

Ich lasse
sie alle
Karussell
fahren
damit sie
das Fliegen
träumen

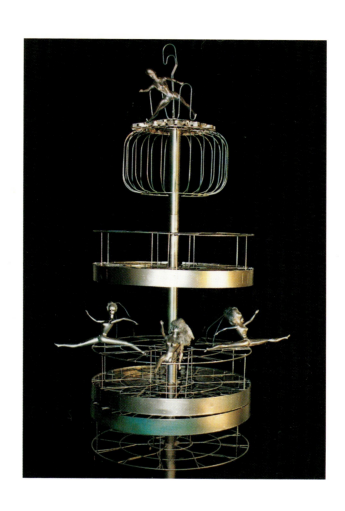

KARUSSELL

ABSCHIED VOM
PUPPEN-SEX

PUPPE
OLYMPIA
DU MEIN
FRIGIDCHEN
was bleibt
mir nun übrig
als dich zu
verurteilen zu
lebenslänglichem
Schön-Sein
hinter
Glas
nicht mehr
Mamma sagen
Rumpelstilzchen
zum Schlitz-Husar machen
keinen Hampelmann heiraten
PROST
STEICHEL-HAFT
denn auch
im Knast
läßt es sich
träumen von
Händen
die hinter
alle Wände
spüren

EVA AUF
PARADIES-WACHE

Pausenzeichen

Über allen
Beton-Ruinen
ist Ruh
im Wald
tropft
keine Lust
mehr in die
Gipfel-Treffen
es hat sich
ausgemenschelt
und sogar
der Wind ist
eingegangen
Frau Welt
macht große
Pause
nur noch ein
walk-man ist
zu hören und
der erzählt
den kranken
Bäumen auf
ihr Sterben
pfeifend
das Märchen
von den
immergrünen
Händen

Lied-Text
ziemlich frei
nach Goethe

TÜR-SPION
UNBEHAUST

**KOMM HERR-MANN
GOTT UND
KREUZ HIER AUF**
von mir aus
auch als Dame
ich stehe vor dem
Weltbankrott und
mach für dich
Reklame
das heißt
ich bau die
Typen nach
die du schon
mal erfunden
hast fürn
Paradies
das unterging
und mir nur
hinterblieb
als Knast

Da sitz ich am
Familientisch
und jeder macht
in Schweigen
zwar hab ich
Puste noch und noch
doch du mußt mir
schon zeigen
wie du das mit dem
„Treibgas" machst
damit die
sich bewegen
sonst kann
ich sie als
Puppenschrott in
Spielzeugsärge legen

hier sind so viele
Betten frei
die große Pause
ist vorbei
drum schwing
dich aus
dem Nebel
und stell
dein Herz auf
Minne-Zeit
die Leute warten
weit und breit
auf großen Atem
kleines Glück
drum mach schon
Herr-Mann und
zurück kriegst
du von mir nen
Lift gebaut
direkt in
deinen
Himmel

GÄSTE AM TISCH

ICH SCHREIBE
DAS WORT
LIEBE
in den
Staub
und lege
meine
Hand
darüber
damit
der Wind
es nicht
auslöscht

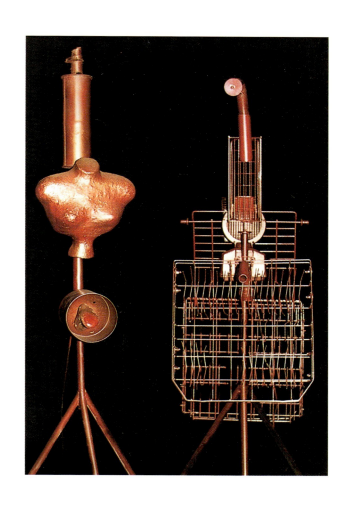

LIEBESPAAR – ANDROGYN

HAST DU
KEINEN
BAU DIR
EINEN
denn ein
Typ aus
Schrott
gemacht
ist stabil
nicht nur
bei Nacht
er ist ohne
Sex-Problem
katastrophensicher
und bequem
eins vor allem
läßt er bleiben
all die faden
Labereien über
Treue
Frust und
Schmerz
denn er
hat ein
Plastik-Herz

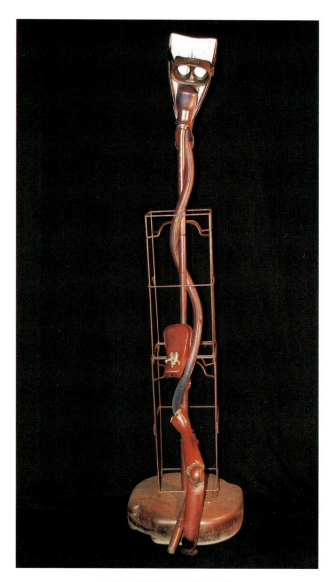

DER PSYCHONAUTISCHE
TIEFTAUCHER DR. D.

**AUF DEM
WEG VON
NOAHS ARCHE
BIS HIERHER**
verbraten und
geschändet zur
Sicherung des
ewigen Friedens
träum ich
am Martergalgen
alt und krank
von einem
Öl-Zweig
irgendwo

FRIEDENSTAUBE
AUF DER INTENSIVSTATION

SIE STARBEN
FÜRS VATERLAND
steht auf
vielen
Steinen
am Weg zur
Endstation
KREUZBERG
und die
hinterlassenen
Zahlen
sagen
daß sie
sehr jung
waren
als sie
fielen

*

Ich
frage
für welchen
Vater
für welches
Land

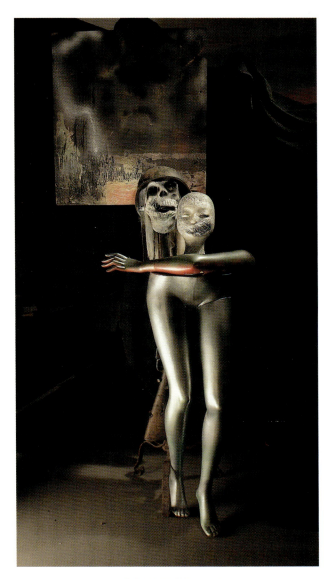

LILLY MARLEN a. D.
UND
DER LETZTE SOLDAT

**REICH MIR
DIE HAND
MEIN LEBEN**
der Tod
wohnt
nebenan
doch ich hab
Bein genug
ihn in das
HINTERSTE
zu treten
und mach ihn
liebevoll
beschwingt
erst mal zum
Hampelmann

DIE NEUE EVA

IMMER
WENN
SCHNEE
auf meinen
Lebensbaum
fällt
verwandle ich
den Ton
Weiß auf
seinen
Blättern
mit Lautensaiten-Händen
in klingendes
Grün

ÜBERLEBENSBAUM

41

GAUKLER

spannen
über
dem Seil
die Zeit
ihre
Lebenslust
auf und
jonglieren
mit Kugeln aus
gefrorenem
Lachen
leichtsinnig
Netze
verachtend
bis sie
der größere
Spielmann
zu Fall
bringt vor
leeren
Stühlen

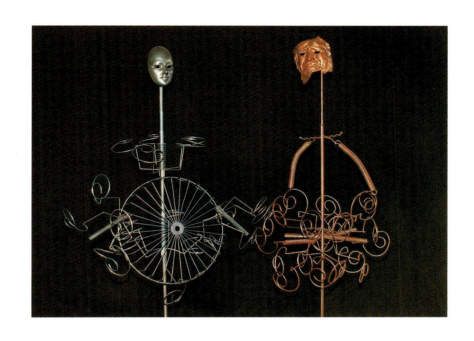

GAUKLER-PAAR

O LIEBE
DU BLAUE
ORANGE
ich binde
dich als
Luftballon
um meinen
Hals und
fliege
mit dir
los lassend
die Erde
über mich
selbst hinaus

EROS-WEIBLICH

In gewissen Abständen erfahre ich das, was
die Menschen der Spätphase vor der Zeiten-
wende mit Langeweile bezeichnet haben.
Es wird mir dann plötzlich bewußt, daß ich
allein in einer verödeten Restwelt existiere.
Erinnerungen an ein früheres Dasein kommen zwar auf, und Worte wie Freundschaft
oder Beziehung füllen sich noch mit Leben,
aber sie sind so ferngeschrieben wie die
Sterne; und der Gedanke, daß ich in dieser
Wüste aus Licht und Kälte unendlich lange
Zeit verbringen könnte, wird zur Horror-
vorstellung.
Als ich neulich einmal wieder in einer
solchen Verfassung war, passierte eine
Sensation:
Es juckte mich! Und diese Wahrnehmung
irritierte mich aufs höchste, weil ich
geglaubt hatte, daß einem angeblich aus der
Retorte stammenden Typ meines Härte-
grades Herz- und Hauterfahrungen aller
Art erspart bleiben würden.
Umso neugieriger war ich jetzt, herauszu-
finden, welches die Ursache für den Juck-
reiz sei.
Ich erinnerte mich, in einem dieser hinterlassenen Biologiebücher gelesen zu haben,
daß derartiges durch Insektenstiche ausge-
löst werden kann. Und also suchte ich nach
dem Insekt. Aber nirgends war eins zu
finden.
Das beruhigte mich, und ich hätte den
Vorfall sicherlich bald vergessen,
wenn . . ., ja, wenn nicht das geschehen
wäre, was mein bis dahin recht eintöniges
Rest-Frau-Dasein gravierend verändern
sollte:
Bei der Entkleidung abends nämlich fand
ich heraus, warum es juckte. Genauer: ich
stellte fest, daß mich jemand gebissen hatte;
und dieser jemand war ein Floh!
Zunächst war ich fassungslos, als er mir
völlig unvoreingenommen entgegenhüpfte.
Ich wußte einfach nicht, wie ich mich ihm
gegenüber verhalten sollte, und gewiß hab
ich gleich zu Anfang alles falsch gemacht,
denn der Floh sprang weg, und ward nicht
mehr gesehen.

Und nun bemerkte ich mit Erstaunen, daß ich doch noch so etwas wie Gefühle hatte, denn sie gerieten in Widerstreit zueinander. Zum einen war ich fast glücklich darüber, daß endlich ein lebendiges Wesen in meine Einsamkeit gekommen war, zum andern bekam ich Angst vor den Folgen, falls der Floh die Absicht hegen sollte, in eine Dauerbeziehung zu mir zu treten, was ja recht nahe lag.

Ich neige – geschädigt durch frühere Lebens- und Liebes-Erfahrungen – offenbar immer noch zu Beziehungs-Ängsten; und nun rückt mir ausgerechnet ein Wesen so nah auf die Pelle, das von Distanzverhalten vermutlich das Letzte hält.

Aber schon ertappe ich mich dabei, daß ich nach dem Kerl suche. Schließlich braucht auch die stabilste Type manchmal einen Ansprechpartner, und weil unter all dem schönen Restart-Spielzeug in Form von Tieren und Puppen, die ich mir als Heile-Welt-Familie zusammengebastelt hatte, keiner dafür in Frage kam, war ich besonders froh über die Begegnung mit dem Floh.

Aber das Biest ließ sich erst mal nicht blicken.

Inzwischen überlegte ich mir einen Namen für ihn. Und kam auf HELIOS! Helios oder Sonnen-Gott in der griechischen Sage.

Ich fand das sehr passend; denn ich hatte schon immer Sympathien für Griechenland gehabt, vielleicht darum, weil ich dort nie gewesen war. Vor allem aber gab es hier und jetzt überhaupt keine Sonne mehr, und so mußte ich mich allmählich nach einem Ersatz-Freudenspender umsehen.

Helios, so sagte ich mir laut vor, IST DER RICHTIGE!

Natürlich war mir bewußt, daß ihm einiges fehlte zum idealen Liebhaber, aber auch der Un-Mensch neigt wohl dazu, den Typ, den einem das Schicksal als Liebespartner zuspielt, mit Eigenschaften auszustatten, die er, nüchtern betrachtet, eigentlich nicht hat. Ich war also beinah glücklich, und rief verliebt, und darum nicht allzu laut H e l i o s l e . Als ehemalige Alemannin kann ich mir auch heute einen sprachlichen Zärtlichkeitsanfall durch die Silbe -le nicht verkneifen.

Und gerade das muß ihn wirklich gerührt haben, denn plötzlich saß Heliosle auf meinem Handrücken. Er sagte zwar nicht REICH MIR DEIN BLUT, MEIN LEBEN, aber er biß mich auch nicht, sondern blieb ganz still sitzen.

Mir wurde richtig menschlich zumut, nämlich heiß und kalt in diesem Augenblick, und ich versuchte darum, ihn zu nutzen, indem ich Helios tief in die Augen blickte. Aber mein Wimpernschlag muß ihn so erschreckt haben, daß er aufhüpfig wurde, in meine Haare sprang, und mich nun doch noch in die Kopfhaut biß.

Ich habe das in meinem Liebeswahn als Zärtlichkeitsakt eingestuft, und mir vorgenommen, auch künftig äußerst tolerant zu sein zu meinem neuen Gefährten.

Und zu dieser Toleranz zählt vor allem das Warten; nicht nur darauf, daß er mich bald mal wieder „zärtlich” wohin beißt, sondern sich dabei möglichst auch noch blicken läßt.

Überhaupt gehört ja das Warten zu den aufregendsten Begleiterscheinungen bei Liebes-Ouvertüren. Im letzten Akt wird meist nur noch mit gähnender Langeweile gewartet.

Aber soweit sollte es, das nahm ich mir fest vor, zwischen uns nicht kommen.

Ich muß zwar schon heute immer viel mehr auf ihn warten, als er auf mich, aber auch diese Erfahrung, die ich aus früheren Liebesbeziehungen nicht kannte, wird mit jetzt durch Helios vergönnt.

Ob mich der Floh so sehr liebt, wie ich ihn, ist zumindest fraglich. Aber auch unerheblich für mich, denn wichtiger ist es wohl, zumal in diesem Fall, zu lieben, als – vielleicht allzu sehr – geliebt zu werden!

Eines jedenfalls steht fest: wir beide haben etwas voneinander: er meinen offenbar doch noch genießbaren Lebenssaft, und ich die all-tägliche Hoffnung auf ein, wenn auch vielleicht nur einseitig verliebtes Wiedersehen mit meinem Floh Helios. Und was will ich mehr? Hoffnung ist doch, zumal in meiner Über-Lebenslage, alles!

✳

MEINE
SONNE
ist aus
kaltem
Draht
doch ich
kann sie
scheinen
lassen
wann und
wo ich
will
träumen
auch
von ihrer schöneren
Strahlen-Schwester
die längst in
Umnachtung
fiel

ZOA – ODER
DIE SONNEN-FRAU

AM
MONDSCHEIN-BAHNHOF
holst du
mich ab
und zufällig
springt ein
Wolkenbett
aus den
Geleisen
streng ruft
ein Lautsprecher
Bitte zurücktreten
aber zu spät
denn wir haben
den Schlafwagen
hinter der
Milchstraße
besetzt und
die Träume
von gestern auf
die Schienen
geworfen

SONNE UND MOND

FRANK
und
FREI
wie die
Schwäne
überfliegend
alle
Brücken
Klänge
weich
gefiedert
und beschwingt
wie ein
Lied

Für Frank H.

SCHWAN

AUF DEM
FLUG ZU
UNENDLICHEN
SOMMERN
spürte
er früh
an einem
Schattenufer
den Ton
W e i ß
auf seinen
Flügeln
und sanft
fallend
in die
Falten
eines Flusses
fand er
sein
eigentliches
Lied im
Lauf des Wassers

Für Hans A.

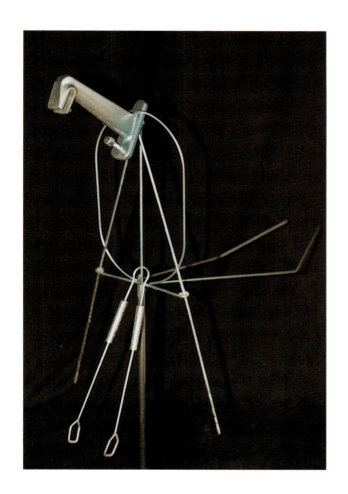

VOGEL

AUF
MENSCHENLEEREN
WEGEN
versuche ich
Steine zum
sprechen
zu bringen
und ich
trete
auf einen
damit er
mich anschreit
aber er
dreht sich
nur um und
schweigt

*

Erst als
ich ihn
aufhebe
und im
Fluß
versenke
zusammen
mit meinen
Wünschen
läßt er
mich grüßen
in wachsenden
Kreisen

PORTRAIT HANS A.

FLUSSABWÄRTS
der entwurzelte
Baum treibt
inmitten
toter
Fische
zu auf den
Wasserfall
im großen
Strom
ich mache
meine Gezeiten
vom Ufer
los und
werde
sein
Begleiter

IM LAUF DES WASSERS

WENN
BEINAH
ZÄRTLICH
AUS JEDEM
SPIEGEL
Augen
hinter
Totenmasken
nach mir
greifen
fliehe ich
durch ihre
Glaswände und
Gitterstäbe
aus Eis
ins Freie
zu meinem
Baum und
der sagt
einfach
komm
zu mir
komm
unter
die Erde
meine
Wurzeln
werden
Dich
umarmen

MASKENTRÄGER

61

DIE MÄRCHEN
IN ALTEN
BÜCHERN
enden oft
mit dem
Satz
und wenn
sie nicht
gestorben sind
dann leben
sie noch
heute

*

Nicht
wissend
wo sie
jetzt
leben
erfinde
ich sie
noch
einmal
und gebe
ihnen
Namen wie
MORGEN
LEBEN
LIEBE
und
FREUDE

WASSER-SCHUTZGEIST

EVA – HEUTE
EVA Vargas
mit Stabilis

Eva Vargas

geboren immer mal wieder.
Zuletzt am 20. 9. 1930
in Freiburg.

Beruf:
Journalistin

Heirat und etwa vierjährige Ehe.

Ein Sohn, der mit 25 Jahren
seine Lebenszeit selbst
ent-zeitet hat.

Tätigkeiten als:
Journalistin, Arbeiterin,
Krankenschwester, Hausfrau
und Mutter,
Lied-Autorin und -sängerin
mit eigenem Kleinst-Theater
(Heidelberger »Lumpenparadies«),
von 1965 bis 1975.
Sprach-Arbeiterin, Malerin,
Objekt- und Szenen-Bauerin
(Ausstellungen unter Prägung
des Anti-Kunst-Begriffs
»Rest-Art« seit 1984).

Veröffentlichungen auf:
10 Langspiel-Platten
(Lieder, Chansons und Texte);
in Lyrik- und Satire-Anthologien,
Fachzeitschriften
und Rundfunksendungen.

1979
Gedichtband *Streichel-Haft*
bei *Trikont*, München.
1980
Eremiten-Presse-Kalender
mit Texten unter dem Titel
Wort-Gerichte.
1982
Gedichtband *Friedfertig gemacht*
bei *Asso-Verlag* Oberhausen.

Preise:
1967
Förderpreis der
Evangelischen Akademie Tutzing
für *Das neue religiöse Lied*.
1976
Literaturpreis
des *Egoist-Verlags* Hannover;
1985
Literaturpreis (III)
der *Literarischen Gesellschaft Die Räuber*,
Mannheim.

Eva Vargas lebt heute
in Heidelberg
in einem Haus auf Zeit
(Abrißgebäude Trafohaus)
mit vielen Katzen.